AGENDA

2019

ESTA AGENDA PERTENECE A:

DOS MIL DIECINUEVE
2019

ENERO

L	M	M	J	V	S	D
	1	2	3	4	5	6
7	8	9	10	11	12	13
14	15	16	17	18	19	20
21	22	23	24	25	26	27
28	29	30	31			

FEBRERO

L	M	M	J	V	S	D
				1	2	3
4	5	6	7	8	9	10
11	12	13	14	15	16	17
18	19	20	21	22	23	24
25	26	27	28			

MARZO

L	M	M	J	V	S	D
				1	2	3
4	5	6	7	8	9	10
11	12	13	14	15	16	17
18	19	20	21	22	23	24
25	26	27	28	29	30	31

ABRIL

L	M	M	J	V	S	D
1	2	3	4	5	6	7
8	9	10	11	12	13	14
15	16	17	18	19	20	21
22	23	24	25	26	27	28
29	30					

MAYO

L	M	M	J	V	S	D
		1	2	3	4	5
6	7	8	9	10	11	12
13	14	15	16	17	18	19
20	21	22	23	24	25	26
27	28	29	30	31		

JUNIO

L	M	M	J	V	S	D
					1	2
3	4	5	6	7	8	9
10	11	12	13	14	15	16
17	18	19	20	21	22	23
24	25	26	27	28	29	30

JULIO

L	M	M	J	V	S	D
1	2	3	4	5	6	7
8	9	10	11	12	13	14
15	16	17	18	19	20	21
22	23	24	25	26	27	28
29	30	31				

AGOSTO

L	M	M	J	V	S	D
			1	2	3	4
5	6	7	8	9	10	11
12	13	14	15	16	17	18
19	20	21	22	23	24	25
26	27	28	29	30	31	

SEPTIEMBRE

L	M	M	J	V	S	D
						1
2	3	4	5	6	7	8
9	10	11	12	13	14	15
16	17	18	19	20	21	22
23	24	25	26	27	28	29
30						

OCTUBRE

L	M	M	J	V	S	D
	1	2	3	4	5	6
7	8	9	10	11	12	13
14	15	16	17	18	19	20
21	22	23	24	25	26	27
28	29	30	31			

NOVIEMBRE

L	M	M	J	V	S	D
				1	2	3
4	5	6	7	8	9	10
11	12	13	14	15	16	17
18	19	20	21	22	23	24
25	26	27	28	29	30	

DICIEMBRE

L	M	M	J	V	S	D
						1
2	3	4	5	6	7	8
9	10	11	12	13	14	15
16	17	18	19	20	21	22
23	24	25	26	27	28	29
30	31					

ENERO

DOMINGO	LUNES	MARTES	MIERCOLES
		1	2
6	7	8	9
13	14	15	16
20	21	22	23
27	28	29	30

JUEVES	VIERNES	SABADO	NOTAS
3	4	5	
10	11	12	
17	18	19	
24	25	26	
31			

FEBRERO

DOMINGO	LUNES	MARTES	MIERCOLES
3	4	5	6
10	11	12	13
17	18	19	20
24	25	26	27

2019

JUEVES	VIERNES	SABADO	NOTAS
	1	2	
7	8	9	
14	15	16	
21	22	23	
28			

MARZO

DOMINGO	LUNES	MARTES	MIERCOLES
3	4	5	6
10	11	12	13
17	18	19	20
24	25	26	27
31			

2019

JUEVES	VIERNES	SABADO	NOTAS
	1	2	
7	8	9	
14	15	16	
21	22	23	
28	29	30	

ABRIL

DOMINGO	LUNES	MARTES	MIERCOLES
	1	2	3
7	8	9	10
14	15	16	17
21	22	23	24
28	29	30	

2019

JUEVES	VIERNES	SABADO	NOTAS
4	5	6	
11	12	13	
18	19	20	
25	26	27	

MAYO

DOMINGO	LUNES	MARTES	MIERCOLES
			1
5	6	7	8
12	13	14	15
19	20	21	22
26	27	28	29

2019

JUEVES	VIERNES	SABADO	NOTAS
2	3	4	
9	10	11	
16	17	18	
23	24	25	
30	31		

JUNIO

DOMINGO	LUNES	MARTES	MIERCOLES
2	3	4	5
9	10	11	12
16	17	18	19
23 / 30	24	25	26

2019

JUEVES	VIERNES	SABADO	NOTAS
		1	
6	7	8	
13	14	15	
20	21	22	
27	28	29	

JULIO

DOMINGO	LUNES	MARTES	MIERCOLES
	1	2	3
7	8	9	10
14	15	16	17
21	22	23	24
28	29	30	31

2019

JUEVES	VIERNES	SABADO	NOTAS
4	5	6	
11	12	13	
18	19	20	
25	26	27	

AGOSTO

DOMINGO	LUNES	MARTES	MIERCOLES
4	5	6	7
11	12	13	14
18	19	20	21
25	26	27	28

2019

JUEVES	VIERNES	SABADO	NOTAS
1	2	3	
8	9	10	
15	16	17	
29	30	31	
1	2	3	

SEPTIEMBRE

DOMINGO	LUNES	MARTES	MIERCOLES
1	2	3	4
8	9	10	11
15	16	17	18
22	23	24	25
29	30		

JUEVES	VIERNES	SABADO	NOTAS
5	6	7	
12	13	14	
19	20	21	
26	27	28	

OCTUBRE

DOMINGO	LUNES	MARTES	MIERCOLES
		1	2
6	7	8	9
13	14	15	16
20	21	22	23
27	28	29	30

JUEVES	VIERNES	SABADO	NOTAS
3	4	5	
10	11	12	
17	18	19	
24	25	26	
31			

NOVIEMBRE

DOMINGO	LUNES	MARTES	MIERCOLES
3	4	5	6
10	11	12	13
17	18	19	20
24	25	26	27

2019

JUEVES	VIERNES	SABADO	NOTAS
	1	2	
7	8	9	
14	15	16	
21	22	23	
28	29	30	

DICIEMBRE

DOMINGO	LUNES	MARTES	MIERCOLES
1	2	3	4
8	9	10	11
15	16	17	18
22	23	24	25
29	30	31	

2019

JUEVES	VIERNES	SABADO	NOTAS
5	6	7	
12	13	14	
19	20	21	
26	27	28	

MI VISION PARA EL 2019

MIS METAS PARA EL 2019

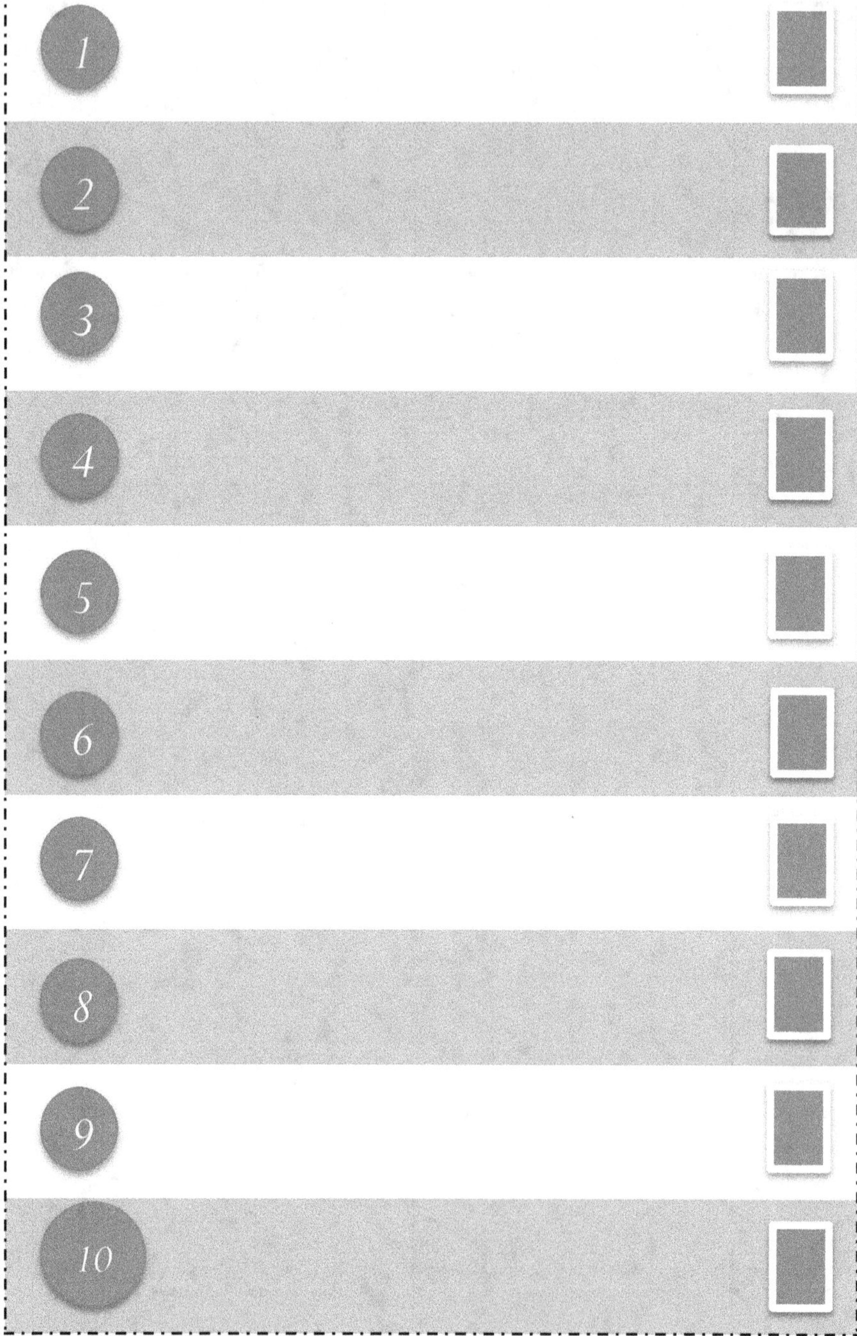

CUMPLEAÑOS

ENERO	FEBRERO	MARZO

ABRIL	MAYO	JUNIO

JULIO	AGOSTO	SEPTIEMBRE

OCTUBRE	NOVIEMBRE	DICIEMBRE

PASSWORDS

WEB	USERNAME	PASSWORD
WEB	USERNAME	PASSWORD

PASSWORDS

WEB	USERNAME	PASSWORD
WEB	USERNAME	PASSWORD

CONTACTOS

NOMBRE	TELEFONO	EMAIL

NOMBRE	TELEFONO	EMAIL

CONTACTOS

NOMBRE	TELEFONO	EMAIL
NOMBRE	TELEFONO	EMAIL

DICIEMBRE

Semana 1

12/31/18 al 01/06/19

○ 31. LUNES

PRIORIDADES

○ 1. MARTES

○ 2. MIERCOLES

COSAS QUE HACER:

○ 3. JUEVES

○ 4.VIERNES

○ 5. SABADO /6. DOMINGO

ENERO

Semana 2

01/07/19 al 01/13/19

○ 7. LUNES

○ 8. MARTES

○ 9. MIERCOLES

○ 10. JUEVES

○ 11. VIERNES

○ 12. SABADO/ 13. DOMINGO

PRIORIDADES

COSAS QUE HACER

ENERO

Semana 3

01/14/19 al 01/20/19

○ 14. LUNES

PRIORIDADES

○ 15. MARTES

○ 16. MIERCOLES

COSAS QUE HACER

○ 17. JUEVES

○ 18. VIERNES

○ 19. SABADO / 20. DOMINGO

ENERO

Semana 4

01/21/19 al 01/27/19

○ 21. LUNES

PRIORIDADES

○ 22. MARTES

○ 23. MIERCOLES

COSAS QUE HACER

○ 24. JUEVES

○ 25. VIERNES

○ 26. SABADO / 27. DOMINGO

ENERO

Semana 5

01/28/19 al 02/03/19

○ 28. LUNES

PRIORIDADES

○ 29. MARTES

○ 30. MIERCOLES

COSAS QUE HACER

○ 31. JUEVES

○ 1. VIERNES

○ 2. SABADO / 3. DOMINGO

FEBRERO

Semana 6

02/04/19 al 02/10/19

○ 4. LUNES

PRIORIDADES

○ 5. MARTES

○ 6. MIERCOLES

COSAS QUE HACER

○ 7. JUEVES

○ 8. VIERNES

○ 9. SABADO / 10. DOMINGO

FEBRERO

Semana 7

02/11/19 al 02/17/19

○ 11. LUNES

PRIORIDADES

○ 12. MARTES

○ 13. MIERCOLES

COSAS QUE HACER

○ 14. JUEVES

○ 15. VIERNES

○ 16. SABADO / 17. DOMINGO

FEBRERO

Semana 8

02/18/19 al 02/24/19

○ 18. LUNES

○ 19. MARTES

○ 20. MIERCOLES

○ 21. JUEVES

○ 22. VIERNES

○ 23. SABADO / 24. DOMINGO

PRIORIDADES

COSAS QUE HACER

FEBRERO

Semana 9

02/25/19 al 03/03/19

○ 25. LUNES

PRIORIDADES

○ 26. MARTES

○ 27. MIERCOLES

COSAS QUE HACER

○ 28. JUEVES

○ 1. VIERNES

○ 2. SABADO/ 3. DOMINGO

MARZO

Semana 10

03/04/19 al 03/10/19

○ 4. LUNES

PRIORIDADES

○ 5. MARTES

○ 6. MIERCOLES

COSAS QUE HACER

○ 7. JUEVES

○ 8. VIERNES

○ 9. SABADO / 10. DOMINGO

MARZO

Semana 11

03/11/19 al 03/17/19

○ 11. LUNES

PRIORIDADES

○ 12. MARTES

○ 13. MIERCOLES

COSAS QUE HACER

○ 14. JUEVES

○ 15. VIERNES

○ 16. SABADO/ 17. DOMINGO

MARZO

Semana 12

03/18/19 al 03/24/19

○ 18. LUNES

PRIORIDADES

○ 19. MARTES

○ 20. MIERCOLES

COSAS QUE HACER

○ 21. JUEVES

○ 22. VIERNES

○ 23. SABADO / 24. DOMINGO

MARZO

Semana 13

03/25/19 al 03/31/19

○ 25. LUNES

PRIORIDADES

○ 26. MARTES

○ 27. MIERCOLES

COSAS QUE HACER

○ 28. JUEVES

○ 29. VIERNES

○ 30. SABADO/ 31. DOMINGO

○ 1. LUNES

PRIORIDADES

○ 2. MARTES

○ 3. MIERCOLES

COSAS QUE HACER

○ 4. JUEVES

○ 5. VIERNES

○ 6. SABADO / 7. DOMINGO

ABRIL

Semana 15

04/08/19 al 04/14/19

○ 8. LUNES

PRIORIDADES

○ 9. MARTES

○ 10. MIERCOLES

COSAS QUE HACER

○ 11. JUEVES

○ 12. VIERNES

○ 13. SABADO/ 14. DOMINGO

ABRIL

Semana 16

04/15/19 al 04/21/19

○ 15. LUNES

○ 16. MARTES

○ 17. MIERCOLES

COSAS QUE HACER

○ 18. JUEVES

○ 19. VIERNES

○ 20. SABADO/ 21. DOMINGO

ABRIL

Semana 17

04/22/19 al 04/28/19

○ 22. LUNES

PRIORIDADES

○ 23. MARTES

○ 24. MIERCOLES

COSAS QUE HACER

○ 25. JUEVES

○ 26. VIERNES

○ 27. SABADO / 28. DOMINGO

ABRIL

Semana 18

04/29/19 al 05/05/19

○ 29. LUNES

○ 30. MARTES

○ 1. MIERCOLES

○ 2. JUEVES

○ 3. VIERNES

○ 4. SABADO / 5. DOMINGO

PRIORIDADES

COSAS QUE HACER

MAYO

Semana 19

05/06/19 al 05/12/19

○ 6. LUNES

PRIORIDADES

○ 7. MARTES

○ 8. MIERCOLES

COSAS QUE HACER

○ 9. JUEVES

○ 10. VIERNES

○ 11. SABADO / 12. DOMINGO

MAYO

Semana 20

05/13/19 al 05/19/19

○ 13. LUNES

○ 14. MARTES

○ 15. MIERCOLES

○ 16. JUEVES

○ 17. VIERNES

○ 18. SABADO/ 19. DOMINGO

MAYO

Semana 21

05/20/19 al 05/26/19

○ 20. LUNES

PRIORIDADES

○ 21. MARTES

○ 22. MIERCOLES

COSAS QUE HACER

○ 23. JUEVES

○ 24. VIERNES

○ 25. SABADO / 26. DOMINGO

MAYO

Semana 22

05/27/19 al 06/02/19

○ 27. LUNES

PRIORIDADES

○ 28. MARTES

○ 29. MIERCOLES

COSAS QUE HACER

○ 30. JUEVES

○ 31. VIERNES

○ 1. SABADO / 2. DOMINGO

JUNIO

Semana 23

06/03/19 al 06/09/19

○ 3. LUNES

○ 4. MARTES

○ 5. MIERCOLES

○ 6. JUEVES

○ 7. VIERNES

○ 8. SABADO / 9. DOMINGO

PRIORIDADES

COSAS QUE HACER

JUNIO

Semana 24

06/10/19 al 06/16/19

○ 10. LUNES

○ 11. MARTES

○ 12. MIERCOLES

○ 13. JUEVES

○ 14. VIERNES

○ 15. SABADO / 16. DOMINGO

PRIORIDADES

COSAS QUE HACER

JUNIO

Semana 25

06/17/19 al 06/23/19

○ 17. LUNES

PRIORIDADES

○ 18. MARTES

○ 19. MIERCOLES

COSAS QUE HACER

○ 20. JUEVES

○ 21. VIERNES

○ 22. SABADO / 23. DOMINGO

JUNIO

Semana 26   06/24/19 al 06/30/19

○ 24. LUNES

PRIORIDADES

○ 25. MARTES

○ 26. MIERCOLES

COSAS QUE HACER

○ 27. JUEVES

○ 28. VIERNES

○ 29. SABADO/ 30. DOMINGO

JULIO

Semana 27

07/01/19 al 07/07/19

○ 1. LUNES

PRIORIDADES

○ 2. MARTES

○ 3. MIERCOLES

COSAS QUE HACER

○ 4. JUEVES

○ 5. VIERNES

○ 6. SABADO / 7. DOMINGO

JULIO

Semana 28

07/08/19 al 07/14/19

○ 8. LUNES

PRIORIDADES

○ 9. MARTES

○ 10. MIERCOLES

COSAS QUE HACER

○ 11. JUEVES

○ 12. VIERNES

○ 13. SABADO / 14. DOMINGO

JULIO

Semana 29

07/15/19 al 07/21/19

○ 15. LUNES

PRIORIDADES

○ 16. MARTES

○ 17. MIERCOLES

COSAS QUE HACER

○ 18. JUEVES

○ 19. VIERNES

○ 20. SABADO / 21. DOMINGO

JULIO

Semana 30

07/22/19 al 07/28/19

○ 22. LUNES

PRIORIDADES

○ 23. MARTES

○ 24. MIERCOLES

COSAS QUE HACER

○ 25. JUEVES

○ 26. VIERNES

○ 27. SABADO/ 28. DOMINGO

JULIO

Semana 31

07/29/19 al 08/04/19

○ 29. LUNES

PRIORIDADES

○ 30. MARTES

○ 31. MIERCOLES

COSAS QUE HACER

○ 1. JUEVES

○ 2. VIERNES

○ 3. SABADO / 4. DOMINGO

AGOSTO

Semana 32

08/05/19 al 08/11/19

○ 5. LUNES

PRIORIDADES

○ 6. MARTES

○ 7. MIERCOLES

COSAS QUE HACER

○ 8. JUEVES

○ 9. VIERNES

○ 10. SABADO/ 11. DOMINGO

AGOSTO

Semana 33

08/12/19 al 08/18/19

○ 12. LUNES

PRIORIDADES

○ 13. MARTES

○ 14. MIERCOLES

COSAS QUE HACER

○ 15. JUEVES

○ 16. VIERNES

○ 17. SABADO/ 18. DOMINGO

AGOSTO

Semana 34

08/19/19 al 08/25/19

○ 19. LUNES

PRIORIDADES

○ 20. MARTES

○ 21. MIERCOLES

COSAS QUE HACER

○ 22. JUEVES

○ 23. VIERNES

○ 24. SABADO/ 25. DOMINGO

AGOSTO

Semana 35

08/26/19 al 09/01/19

○ 26. LUNES

PRIORIDADES

○ 27. MARTES

○ 28. MIERCOLES

COSAS QUE HACER

○ 29. JUEVES

○ 30. VIERNES

○ 31. SABADO / 1. DOMINGO

SEPTIEMBRE

Semana 36

09/02/19 al 09/08/19

○ 2. LUNES

PRIORIDADES

○ 3. MARTES

○ 4. MIERCOLES

COSAS QUE HACER

○ 5. JUEVES

○ 6. VIERNES

○ 7. SABADO/ 8. DOMINGO

SEPTIEMBRE

Semana 37

09/09/19 al 09/15/19

○ 9. LUNES

PRIORIDADES

○ 10. MARTES

○ 11. MIERCOLES

COSAS QUE HACER

○ 12. JUEVES

○ 13. VIERNES

○ 14. SABADO/ 15. DOMINGO

SEPTIEMBRE

Semana 38   09/16/19 al 09/22/19

○ 16. LUNES

PRIORIDADES

○ 17. MARTES

○ 18. MIERCOLES

COSAS QUE HACER

○ 19. JUEVES

○ 20. VIERNES

○ 21. SABADO / 22. DOMINGO

SEPTIEMBRE

Semana 39

09/23/19 al 09/29/19

○ 23. LUNES

PRIORIDADES

○ 24. MARTES

○ 25. MIERCOLES

COSAS QUE HACER

○ 26. JUEVES

○ 27. VIERNES

○ 28. SABADO / 29. DOMINGO

SEPTIEMBRE

Semana 40

09/30/19 al 10/06/19

○ 30. LUNES

○ 1. MARTES

○ 2. MIERCOLES

○ 3. JUEVES

○ 4. VIERNES

○ 5. SABADO / 6. DOMINGO

PRIORIDADES

COSAS QUE HACER

OCTUBRE

Semana 41

10/07/19 al 10/13/19

○ 7. LUNES

PRIORIDADES

○ 8. MARTES

○ 9. MIERCOLES

COSAS QUE HACER

○ 10. JUEVES

○ 11. VIERNES

○ 12. SABADO/ 13. DOMINGO

OCTUBRE

Semana 42   10/14/19 al 10/20/19

○ 14. LUNES

○ 15. MARTES

○ 16. MIERCOLES

○ 17. JUEVES

○ 18. VIERNES

○ 19. SABADO / 20. DOMINGO

OCTUBRE

Semana 43

10/21/19 al 10/27/19

○ 21. LUNES

○ 22. MARTES

○ 23. MIERCOLES

○ 24. JUEVES

○ 25. VIERNES

○ 26. SABADO / 27. DOMINGO

PRIORIDADES

COSAS QUE HACER

OCTUBRE

Semana 44

10/28/19 al 11/03/19

○ 28. LUNES

PRIORIDADES

○ 29. MARTES

○ 30. MIERCOLES

COSAS QUE HACER

○ 31. JUEVES

○ 1. VIERNES

○ 2. SABADO / 3. DOMINGO

NOVIEMBRE

Semana 45

11/04/19 al 11/10/19

○ 4. LUNES

PRIORIDADESIES

○ 5. MARTES

○ 6. MIERCOLES

COSAS QUE HACER

○ 7. JUEVES

○ 8. VIERNES

○ 9. SABADO/ 10. DOMINGO

NOVIEMBRE

Semana 46

11/11/19 al 11/17/19

○ 11. LUNES

PRIORIDADES

○ 12. MARTES

○ 13. MIERCOLES

COSAS QUE HACER

○ 14. JUEVES

○ 15. VIERNES

○ 16. SABADO / 17. DOMINGO

NOVIEMBRE

Semana 47

11/18/19 al 11/24/19

○ 18. LUNES

PRIORIDADES

○ 19. MARTES

○ 20. MIERCOLES

COSAS QUE HACER

○ 21. JUEVES

○ 22. VIERNES

○ 23. SABADO / 24. DOMINGO

NOVIEMBRE

Semana 48

11/25/19 al 12/01/19

○ 25. LUNES

PRIORIDADES

○ 26. MARTES

○ 27. MIERCOLES

COSAS QUE HACER

○ 28. JUEVES

○ 29. VIERNES

○ 30. SABADO/ 1. DOMINGO

DICIEMBRE

Semana 49

12/02/19 al 12/08/19

○ 2. LUNES

○ 3. MARTES

○ 4. MIERCOLES

○ 5. JUEVES

○ 6. VIERNES

○ 7. SABADO / 8. DOMINGO

PRIORIDADES

COSAS QUE HACER

DICIEMBRE

Semana 50

12/09/19 al 12/15/19

○ 9. LUNES

PRIORIDADES

○ 10. MARTES

○ 11. MIERCOLES

COSAS QUE HACER

○ 12. JUEVES

○ 13. VIERNES

○ 14. SABADO/ 15. DOMINGO

DICIEMBRE

Semana 51

12/16/19 al 12/22/19

○ 16. LUNES

PRIORIDADES

○ 17. MARTES

○ 18. MIERCOLES

COSAS QUE HACER

○ 19. JUEVES

○ 20. VIERNES

○ 21. SABADO / 22. DOMINGO

DICIEMBRE

Semana 52

12/23/19 al 12/29/19

○ 23. LUNES

○ 24. MARTES

○ 25. MIERCOLES

○ 26. JUEVES

○ 27. VIERNES

○ 28. SABADO / 29. DOMINGO

PRIORIDADES

COSAS QUE HACER

12/30/19 al 01/05/20

○ 30. MONDAY

PRIORIDADES

○ 31. TUESDAY

○ 1. WEDNESDAY

COSAS QUE HACER

○ 2. THURSDAY

○ 3. FRIDAY

○ 4. SATURDAY / 5. SUNDAY